# BEI GRIN MACHT SICH IHR WISSEN BEZAHLT

- Wir veröffentlichen Ihre Hausarbeit,
  Bachelor- und Masterarbeit

- Ihr eigenes eBook und Buch -
  weltweit in allen wichtigen Shops

- Verdienen Sie an jedem Verkauf

## Jetzt bei www.GRIN.com hochladen und kostenlos publizieren

**Bibliografische Information der Deutschen Nationalbibliothek:**

Die Deutsche Bibliothek verzeichnet diese Publikation in der Deutschen National-bibliografie; detaillierte bibliografische Daten sind im Internet über http://dnb.d-nb.de/ abrufbar.

**Impressum:**

Copyright © 2015 GRIN Verlag, Open Publishing GmbH
Druck und Bindung: Books on Demand GmbH, Norderstedt Germany
ISBN: 9783668424739

**Dieses Buch bei GRIN:**

http://www.grin.com/de/e-book/356628/die-emigration-von-deutschen-frauen-in-kolonien-ziele-des-frauenbundes

Anonym

# Die Emigration von deutschen Frauen in Kolonien. Ziele des Frauenbundes und deren Umsetzung

GRIN Verlag

**GRIN - Your knowledge has value**

Der GRIN Verlag publiziert seit 1998 wissenschaftliche Arbeiten von Studenten, Hochschullehrern und anderen Akademikern als eBook und gedrucktes Buch. Die Verlagswebsite www.grin.com ist die ideale Plattform zur Veröffentlichung von Hausarbeiten, Abschlussarbeiten, wissenschaftlichen Aufsätzen, Dissertationen und Fachbüchern.

**Besuchen Sie uns im Internet:**

http://www.grin.com/

http://www.facebook.com/grincom

http://www.twitter.com/grin_com

Historisches Institut

Universität zu Köln

**Die Emigration von deutschen Frauen in Kolonien**

**- Ziele des Frauenbundes und deren Umsetzung**

# Inhaltsverzeichnis

# 1. Einleitung

Der 1907 gegründete „Deutschkoloniale Frauenbund" hatte es sich zur Aufgabe gemacht, deutsche Frauen in die Kolonien, vor allem nach Deutsch-Südwestafrika, überzusiedeln. Dort sollten sie dem Mann als Gehilfin dienen, „Mischehen"[1] verhindern und deutsche Sitten, Gebräuche und Kultur exportieren.

Diese Hausarbeit soll den Fragen nachgehen, welche Ziele und Vorstellungen der Frauenbund genau hatte und inwieweit diese erfüllt wurden. Darüber hinaus wird untersucht werden, ob es zu einem verstärkten Rassismus kam.

Dazu werden zunächst die Ziele der Organisation herausgearbeitet und in einem weiteren Schritt -mithilfe diverser Artikel aus der Vereinszeitschrift- untersucht, wie diese propagiert wurden. Außerdem wird beschrieben, anhand welcher Merkmale die Frauen ausgewählt und geschult wurden. Anschließend wird ein Blick auf Daten und Fakten zur Emigration geworfen und so der Frage nachgegangen, ob sich alles so verhielt, wie es sich der Frauenbund erhoffte. Weiterhin wird betrachtet, ob sich durch die Ankunft der Frauen der Rassismus in den Kolonien verstärkte, um schlussendlich im Fazit zu beurteilen, ob sich die Ziele, die sich der Frauenbund gesetzt hatte, erfüllt haben.

Eine der ersten Historikerinnen, die sich mit diesem Thema beschäftigte, war Martha Mamozai (1982)[2]. Als relativ aktuelle Forschungsliteratur kann man die Werke von Katharina Walgenbach[3], Lora Wildenthal[4] und Krista O'Donnell[5] nennen, die in diese Hausarbeit mit einfließen werden. Insgesamt wurde aber mehr über die „großen Männer" des Kolonialismus geforscht, sodass mit dieser Hausarbeit die Forschung ergänzt werden soll.

---

1 Definition einer „Mischehe" nach dem Deutschen Koloniallexikon: Eheliche Verbindungen zwischen männlichen Angehörigen der „weißen Rasse" und weiblichen Angehörigen der „farbigen Rasse" (S. 564).
2 In dieser Hausarbeit wird folgendes Werk von ihr verwendet: Mamozai, Martha, Herrenmenschen. Frauen im deutschen Kolonialismus, Reinbek bei Hamburg 1982.
3 In dieser Hausarbeit wird folgendes Werk von ihr verwendet: Walgenbach, Katharina, „Die weiße Frau als Trägerin deutscher Kultur". Koloniale Diskurse über Geschlecht, „Rasse" und Klasse im Kaiserreich, Frankfurt 2005.
4 In dieser Hausarbeit wird folgendes Werk von ihr verwendet: Wildenthal, Lora, German Women for Empire. 1884-1945, Durham und London 2001.
5 In dieser Hausarbeit wird folgendes Werk von ihr verwendet: O'Donnell, Krista, Home, Nation, Empire: Domestic Germanness and Colonial Citizenship, in: Krista O'Donnell/ Renate Bridenthal/ Nancy Reagin (Hrsg.): The Heimat Abroad. The Boundaries of Germanness, Michigan 2005, S. 40-57.

Glücklicherweise liegt als gut erhaltene Quelle die Vereinszeitschrift „Kolonie und Heimat" des Frauenbundes vor, aus der man viele Berichte über das Leben der Frauen in den Kolonien, sowie die gesetzten Ziele, deren Umsetzung und das Anwerben von weiteren Frauen entnehmen und analysieren kann.

Interessant ist das Thema deshalb, weil auch heute viele Deutsche Angst vor der Verfremdung ihrer Kultur durch Migranten und Flüchtlinge haben – nur, dass die Deutschen vor etwas mehr als 100 Jahren ihre Kultur nicht nur im eigenen Land, sondern auch in den besiedelten Kolonien bewahren wollten.

## 2. Der Frauenbund der Deutschen Kolonialgesellschaft

### 2.1 Gründungsgeschichte und Ziele des Frauenbundes

Im Laufe der Kolonialzeit wurde die Debatte über sogenannte „Mischehen" immer lauter. Die „Mischlingsbevölkerung" wuchs und man sah deshalb ein Problem darin, weil eheliche „Mischlingskinder" die Staatsangehörigkeit des deutschen Vaters bekamen und somit auch das deutsche Recht besaßen.[6] Theoretisch hätten solche Kinder also hohe Positionen erreichen können und dies war damals eine unangenehme Vorstellung. Tatsächlich wurden in Deutsch-Südwestafrika bis 1903 42 solcher „Mischehen" gezählt[7], was relativ zu etwa 15.000 „weißen" Bewohnern wohl wenig erscheint, politisch und symbolisch aber eine große Bedeutung trug. Damit zusammenhängend wurde außerdem das Problem der „Verkafferung" genannt, worunter man „das Herabsinken eines Europäers auf die Kulturstufe des Eingeborenen"[8] verstand.

Als Lösung für diese „Probleme" führte man 1905 das sogenannte „Mischehenverbot" ein[9], was allerdings nur bedingt wirksam war: „Mischlingskinder" hatten nun zwar keinen Anspruch mehr, das deutsche Recht zu besitzen, da sie nicht mehr ehelich geboren waren, aber die etlichen unehelichen Kinder waren den führenden Kolonialisten trotzdem ein Dorn im Auge. Als neuer Lösungsvorschlag kam deshalb die Idee auf, weiße deutsche Frauen in die Kolonien zu holen.[10] Schon vorher hatte es deutsche Frauen in den Kolonien gegeben; so wurden zum Beispiel schon länger Krankenschwestern zur Pflege deutscher Soldaten vom Deutschen Frauenverein des Roten Kreuz in die Kolonien entsendet[11], allerdings machten die Frauen nur einen Drittel der deutschen weißen Bevölke-

---

6 Vgl.: Mamozai, Martha, Einheimische und „koloniale" Frauen, in: Marianne Bechhaus-Gerst/ Mechthild Leutner (Hrsg.): Frauen in den deutschen Kolonien, Berlin 2009, S. 16.
7 Vgl.: Smidt, Karen, „Germania führt die deutsche Frau nach Südwest". Auswanderung, Leben und soziale Konflikte deutscher Frauen in der ehemaligen Kolonie Deutsch-Südwestafrika 1884-1920. Eine sozial- und frauengeschichtliche Studie, Magdeburg 1995, S. 432.
8 Schnee, Heinrich, Art. „Verkafferung", in: Deutsches Koloniallexikon 3, Leipzig 1920, S. 606.
9 Vgl.: Henrichsen, Dag, „...unerwuenscht im Schutzgebiet...nicht schlechthin unsittlich". „Mischehen" und deren Nachkommen im Visier der Kolonialverwaltung in Deutsch-Südwestafrika, in: Marianne Bechhaus-Gerst/ Mechthild Leutner (Hrsg.): Frauen in den deutschen Kolonien, Berlin 2009, S. 84.
10 Vgl.: Mamozai, Einheimische und „koloniale" Frauen, S. 16.
11 Vgl.: Ebd., S. 14.

rung aus.[12] Im Zuge der Debatte baten die Gouverneure Deutsch-Südwestafri-
kas, Theodor Leutwein und Friedrich von Lindequist, die Deutsche Kolonialgesellschaft um Hilfe und diese schickten einige unverheiratete Frauen als Haus-
und Farmgehilfinnen in die Kolonie, die nun ebenfalls als potentielle Bräute für
die dortigen deutschen Männer auftraten.[13]

Es gab auch Gegenstimmen seitens der Deutschen, die das Vorhaben sogar
als Sklaverei betitelten. So klagte der Abgeordnete Dr. Müller Sagan das Projekt
wegen der sehr niedrigen Löhne, den - seiner Meinung nach - zu hohen Rech-
ten der Dienstherren und der nicht vorhandenen Rückreisegarantie für die Frau-
en an.[14]

Während der militärischen Auseinandersetzungen mit aufständischen Einheimischen hielt sich die Anzahl der emigrierten Frauen in Grenzen. Erst, als diese
beendet waren und der Frauenbund gegründet wurde, unter dem dann die Ver-
tragsbedingungen verbessert wurden, stiegen die Auswanderungen an.[15]

Der Frauenbund wurde 1907 als „Deutschkolonialer Frauenbund" gegründet
und schloss sich ein Jahr später der „Deutschen Kolonialgesellschaft" an. Ab
1908 trug er deshalb den Titel „Frauenbund der Deutschen Kolonialgesellschaft"[16] und war also kein eigenständiger Verein, sondern abhängig von der
Kolonialgesellschaft[17]. Das Gründungskomitee bestand vorwiegend aus Ehefrauen angesehener Militärführer, hoher Bürokraten und Adliger[18], also aus
Frauen mit einem Hintergrund, der einen gewissen Bezug zu den Kolonien hatte. Die erste Vorsitzende des Vereins war Adda Freifrau von Liliencron.[19]

Der Frauenbund verfolgte keine eigenen politischen Ziele, sondern kümmerte
sich nur um die Verbreitung der Kolonialpolitik unter den Frauen.[20] Das oberste
Ziel des Vereins war es, die Ausreise von deutschen Frauen nach Deutsch-Südwestafrika zu fördern und zu organisieren und auswanderungswillige Frauen zu
beraten und zu schulen. Außerdem vermittelten sie den Frauen eine Arbeitsstel-

---

12 Vgl.: Kolonie und Heimat, Jg. III., Nr. 1, S. 8.
13 Vgl.: Ebd., S. 17.
14 Vgl.: Ebd.
15 Vgl.: Ebd.
16 Vgl.: Walgenbach, Frau als Trägerin deutscher Kultur, S. 85.
17 Vgl.: Mamozai, Herrenmenschen, S. 138.
18 Vgl.: Walgenbach, Frau als Trägerin deutscher Kultur, S. 85.
19 Vgl.: Ebd., S. 84.
20 Vgl.: Mamozai, Herrenmenschen, S. 138.

le in den Kolonien. So wollten sie ihren Beitrag zur „Mischehenproblematik" leisten und helfen, das „Deutschtum" in der Kolonie zu etablieren. Der Frauenbund war der Auffassung, dass es Aufgabe der Frau sei, „dass das Land, das dem Namen nach deutsch ist, es auch dem Geiste nach werde"[21] und dass dies „nur durch geordnete häusliche Verhältnisse und echt deutsches Familienleben"[22] möglich wäre. Weitere Ziele und Aufgaben, die sich der Frauenbund gesetzt hatte, richteten sich auf das Leben in der Kolonie. So sollten dort Kindergärten und Jugendstätten errichtet, Bibliotheken eröffnet und deutsche Zeitschriften verbreitet werden. Insgesamt erhoffte man sich, den Kontakt zwischen Heimat und Kolonie zu stärken, was sich auch im Titel der Vereinszeitschrift „Kolonie und Heimat" widerspiegelt.[23] Nachdem die Kolonien im Ersten Weltkrieg verlorengegangen waren, war es außerdem Ziel des Frauenbundes, möglichst viele Deutsche wieder für den Kolonialismus zu begeistern.[24] Ab 1911 wurde darüber nachgedacht, die Aktivitäten, die sich bisher nur auf Deutsch-Südwestafrika und Kiautschou beschränkten, auch auf Deutsch-Ostafrika zu erweitern, allerdings kam es durch den Ausbruch des Ersten Weltkriegs zu keiner Realisierung dieser Pläne.[25] Finanzielle Unterstützung bei ihren Aktivitäten erhielten sie vom Auswärtigen Amt.[26]

## 2.2 Auswahl und Ausbildung der Frauen

Der Frauenbund der Deutschen Kolonialgesellschaft wurde rückblickend im Nationalsozialismus als „der erste Frauenverein Deutschlands, der bewusst völkische Rassenpolitik treibt"[27] bezeichnet – und das nicht ohne Grund, denn es wurden einige Selektionsmerkmale festgelegt, sodass sicher gestellt werden konnte, dass nur Frauen ausgewählt wurden, die die deutsche Kultur nach den Vorstellungen des Frauenbundes vermitteln konnten. So wurden Ausweise, Führungszeugnisse, Lebensläufe und Zeugnisse kontrolliert und ein Attest ver-

---

21 Kolonie und Heimat, Jg. V., Nr. 36, Nachrichtenbeilage.
22 Kolonie und Heimat, Jg. III., Nr. 25, S. 6.
23 Zu den Zielen des Frauenbundes vgl.: Kolonie und Heimat, Jg. I., Nr. 1, S.13.
24 Vgl.: Schilling, Britta, „Deutsche Frauen! Euch und Eure Kinder geht es an!". Deutsche Frauen als Aktivistinnen für die koloniale Idee, in: Marianne Bechhaus-Gerst/ Mechthild Leutner (Hrsg.): Frauen in den deutschen Kolonien, Berlin 2009, S. 72.
25 Vgl.: Walgenbach, Frau als Trägerin deutscher Kultur, S. 90.
26 Vgl.: Schilling, Deutsche Frauen als Aktivistinnen, S. 72.
27 Zit. nach: Ebd., S. 74.

langt, dass die Gesundheit und Belastbarkeit bescheinigte und unter anderem auch zeigen musste, dass die Frau gebärfähig war und dem deutschen Mann in der Kolonie Kinder schenken konnte. Aus selbigem Grund wurden deshalb auch bevorzugt unter 30-Jährige Frauen ausgewählt – wer über 36 Jahre alt war, wurde gar nicht erst in Betracht gezogen.[28]

Allerdings wurden nicht nur unverheiratete Frauen in die Kolonien entsandt, sondern auch Ehefrauen, Verlobte und Verwandte von Männern aus den Kolonien, die wegen der hohen Reisekosten zuvor getrennt waren.[29]

In den Kolonien bestand die erhöhte Nachfrage nach Dienstmädchen, Farmhelferinnen und Wäscherinnen und - was die Organisation bedauerte - nicht nach sogenannten „gebildeten Frauen", worunter man beispielsweise Erzieherinnen und Lehrerinnen verstand. Bedauert wurde dies deshalb, da der Frauenbund der Auffassung war, dass eben diese „gebildeten Frauen" die geeignetsten Kulturträgerinnen seien.[30] Der Einsatz als Arbeitskraft war allerdings eher nebensächlich, primär wurde von den Frauen erwartet, möglichst schnell zu heiraten und Kinder zu bekommen.[31]

Vom Bund unterstützt wurden außerdem sogenannte „Kolonialschulen". Die erste wurde 1907 in Witzenhausen gegründet.[32] Die Frauen sollten dort auf ihre Arbeit „entweder in Familienstellung - als Stützen, Lehrerinnen, Kindergärtnerinnen, Krankenpflegerinnen und dergleichen - oder auf eigener Farm durch Gartenbau und Kleinvieh- und Geflügelzucht"[33] vorbereitet werden und moralische Werte, wie Selbstkontrolle, Zuverlässigkeit und Tüchtigkeit angeeignet bekommen. Sie sollten so den „deutschen Gedanken […] durch zähes Behaupten und Festhalten an deutscher Eigenart in Sitten und Gebräuchen, in Denken und Fühlen"[34] in den Kolonien verteidigen können. Tatsächlich hatten diese Schulen wohl eher weniger Einfluss: Es gab nur etwa 40 Schülerinnen, von denen im Endeffekt fünf in die Kolonien gingen.[35]

---

28 Vgl.: Kolonie und Heimat, Jg. IV, Nr. 23, S. 8.
29 Vgl.: Mamozai, Herrenmenschen, S. 138.
30 Vgl.: Walgenbach, Frau als Trägerin deutscher Kultur, S. 91.
31 Vgl.: Lerp, Dörte, Zwischen „Bevölkerungspolitik und Frauenbildung. Die Kolonialfrauenschulen in Witzenhausen und Bad Weilbach, in: Marianne Bechhaus-Gerst/ Mechthild Leutner (Hrsg.): Frauen in den deutschen Kolonien, Berlin 2009, S. 34.
32 Vgl.: Ebd., S. 32.
33 Zit. nach: Ebd., S.34.
34 Zit. nach: Schilling, Deutsche Frauen als Aktivistinnen, S. 72.
35 Vgl.: Lerp, Kolonialfrauenschulen, S.32.

1910 wurde außerdem das „Heimathaus Keetmanshoop" vom Frauenbund in Deutsch-Südwestafrika eröffnet, wo Frauen ohne Stellenangebote einen 3-monatigen Hauswirtschaftsunterricht bekamen.[36]

## 2.3 Propaganda des Vorhabens

Um weitere Mitglieder, Spenden und natürlich Frauen für die Kolonien zu gewinnen, bediente sich der Frauenbund verschiedenster Arten von Propaganda. So wurden zum Beispiel Ausstellungen organisiert[37], Filme über Afrika im Kino gezeigt und Flyer mit Aufdrücken wie „Deutsche Frauen! Euch und Eure Kinder geht es an!"[38] verteilt. Außerdem wurden „Kolonialbälle" und andere Feste ausgerichtet, auf denen Reden von Frauen gehalten wurden, die schon ein mal in der Kolonie waren und diese anpriesen. Zudem gab es viele Romane von Frauen und Postkarten, die die Kolonien von ihren schönsten Seiten zeigten, wurden gedruckt.[39] Der Frauenbund versorgte nicht nur viele andere Zeitungen mit aktuellen Nachrichten und Berichten aus der Kolonie, sondern hatte auch seine eigene Vereinszeitschrift namens „Kolonie und Heimat", die über die Aktivitäten des Bundes und den Hausfrauenalltag in den Kolonien berichtete.

Es wurden auch einige Reden in der Zeitschrift abgedruckt, in denen den Frauen eingeredet wurde, wie wichtig sie für die Kolonien wären. So heißt es zum Beispiel, dass „wenn im kolonialen Leben schwere Stunden hereinbrechen, dann muss die Frau am Platze sein, um Mut und Vertrauen einzuflößen"[40]. Durch solche und andere Parolen wurde natürlich bewirkt, dass sich viele deutsche Frauen, die sich in der Heimat in ihren Berufen als Dienstmädchen nicht wertgeschätzt fühlten, für ein Leben in der Kolonie entschieden, wo sie anscheinend eine angesehene Position und Aufgabe haben würden.

Immer und immer wieder wurden Leitsprüche, wie, dass die deutschen Frauen „dem deutschen Namen drüben Ehre machen sollen"[41] in den Zeitungen erwähnt, sodass es nachvollziehbar ist, dass man sich als Frau, die diese Zeitung

---

36 Vgl.: Walgenbach, Frau als Trägerin deutscher Kultur, S. 95.
37 Vgl.: Kolonie und Heimat, Jg. III., Nr. 3, S. 8.
38 Zit. nach: Schilling, Deutsche Frauen als Aktivistinnen, S. 76.
39 Walgenbach, Frau als Trägerin deutscher Kultur, S. 99.
40 Kolonie und Heimat, Jg. III., Nr. 1, S. 8.
41 Kolonie und Heimat, Jg. III., Nr. 3, S. 8.

öfter las, irgendwann angesprochen gefühlt hat.

Um die Kolonien für die Frauen noch einladender zu machen, wurde das exotische Leben als Abenteuer verkauft und lud die Frauen so ein, aus ihrem tristen Alltag in Deutschland zu entfliehen: „Es ist in höchstem Masse lebendig, weil es im innigsten Zusammenhänge steht mit der unverfälschten Natur"[42]. Zudem wurden Briefe von bereits emigrierten Frauen abgedruckt, die beschrieben, wie das Leben in der Kolonie sei und dass der Frauenbund hervorragende Arbeit geleistet hätte.[43]

In jeder Ausgabe der Zeitung wurden die Frauen lobend genannt, die sich für eine Emigration nach Deutsch-Südwestafrika oder Kiautschou entschieden hatten.

---

42 Kolonie und Heimat, Jg. III., Nr. 25, S.7.
43 Vgl.: Kolonie und Heimat, Jg. III., Nr. 5, S. 8.

## 3. Die emigrierten Frauen in Afrika

### 3.1 Die Übersiedlung

Die allerersten Frauen, die bewusst im Zuge der „Mischehendebatte" nach Deutsch-Südwestafrika gesendet wurden, waren 1897 zwei Frauen, die bereits mit einem Mann in der Kolonie verlobt waren.[44] Anfang 1898 trafen dann zwölf weitere Frauen ein und am 20. März konnte man einen ersten großen Erfolg verbuchen: die erste von ihnen war verheiratet. Bis zum Ende des Jahres folgten 13 weitere Frauen und in den zwei darauffolgenden Jahren wurden jeweils im Dezember eine größere Anzahl an Frauen entsendet - eine sogenannte „Weihnachtskiste". Viele Frauen waren schon nach kurzer Zeit verheiratet.[45] Bis 1907, wo das Projekt schließlich vom Frauenbund übernommen wurde, hatte die Deutsche Kolonialgesellschaft insgesamt 111 Frauen innerhalb von 10 Jahren nach Deutsch-Südwestafrika übergesiedelt.[46] Unter Leitung des Frauenbundes stieg dann die Anzahl der Emigrationen an: Zwischen Oktober 1907 und Mai 1910 wurden 158 Frauen vermittelt, 54 davon verheiratet und nur 7 kehrten nach Deutschland zurück.[47] Die meisten Frauen waren zwischen 20 und 30 Jahren alt.[48]

Von 1917 bis 1926 gab es dann keine Ausreisen[49], aber den größten Aufschwung sollte es auch erst nach dem ersten Weltkrieg in den 1920er Jahren geben, als das Interesse an einer Rückeroberung der Kolonien wieder wuchs.[50] In der Vorkriegszeit betrugen die jährlichen Emigrationen etwa 90 Frauen pro Jahr – nun waren es etwa doppelt so viele. 1929 überstiegen die Bewerbungen für eine Anstellung als Haushaltshelferin in der Kolonie erstmals die Nachfrage. Der Aufschwung war allerdings mit Beginn der Weltwirtschaftskrise 1929/30 auch schon wieder vorbei: 1930 trafen nur noch 34 Frauen in Deutsch-Südwestafrika ein.[51]

---

44 Vgl.: Wildenthal, German Women for Empire, S. 91.
45 Vgl.: Mamozai, Einheimische und „koloniale" Frauen, S. 17.
46 Vgl.: Wildenthal, German Women for Empire, S. 91.
47 Vgl.: Kolonie und Heimat, Jg. VI, Nr. 18, Nachrichtenbeilage.
48 Vgl.: Mamozai, Einheimische und „koloniale" Frauen, S. 18.
49 Vgl.: Walgenbach, Frau als Trägerin deutscher Kultur, S. 95.
50 Vgl.: Schilling, Deutsche Frauen als Aktivistinnen, S. 71.
51 Vgl.: Ebd., S. 73.

Fragt man nach den Motiven der Frauen, die nach Afrika auswanderten, so lässt sich zum Beispiel der Frauenüberschuss im Kaiserreich nach den Kriegsjahren als ein Grund aufbringen. Für Frauen in Deutschland war es nicht einfach, einen Ehemann für die materielle Versorgung zu finden – in der Kolonie hingegen gab es genügend ledige, meist auch wohlhabende, Männer. Außerdem waren die Berufschancen im Reich schlecht und in den Kolonien wurde ihnen eine angesehene Stellung angepriesen.[52] War der Beruf des Dienstmädchens in Deutschland eine eher niedrige Position, so war man als weiße Frau in der Kolonie - auch als Dienstmädchen - angesehen.

Die gesamte Ausreise wurde selbstverständlich vom Frauenbund betreut und finanziert. Weiterhin gewährte dieser den Frauen nach 2-jähriger Vertragseinhaltung eine finanzierte Rückreise. Neben freier Kost und Logis war ein Monatsgehalt von circa 50-80 Mark üblich.[53]

Negative Stimmen, wie die vom Kolonialist Dr. Angelo Golinelli, sagten, dass es unter der Würde weißer Frauen wäre, als Dienstmädchen in Afrika zu arbeiten und dass sie in deutschen Haushalten besser aufgehoben wären. In Afrika könne ihnen kein angemessener Lebensstandard geboten werden.[54] Aus der niedrigen Zahl an Rückkehrerinnen lässt sich allerdings deuten, dass die meisten Frauen wohl mit ihrem Leben in der Kolonie zufrieden waren.

## 3.2 Verstärkter Rassismus?

Die deutschen Emigrantinnen nahmen ihren Auftrag, die „Mischehen" in Deutsch-Südwestafrika einzudämmen, ernst und galten zu den „eifrigsten Verfechterinnen des Prinzips der 'Reinhaltung' der deutschen weißen 'Herrenrasse'"[55]. So hatten sie großes Interesse an der Verbreitung von Vorurteilen über die einheimischen Frauen. Sie werteten diese ab, indem sie sie als unhygienisch und faul beschrieben, regelrecht gegen sie hetzten.[56] Als Aufwertung ihrer selbst präsentierten sie die „deutschen Tugenden", widergespiegelt in

---

52 Vgl.: Kolonie und Heimat, Jg. III., Nr. 1, S. 8.
53 Vgl.: Mamozai, Einheimische und „koloniale" Frauen, S. 18.
54 Vgl.: O'Donnell, Home, Nation, Empire, S. 47.
55 Mamozai, Einheimische und „koloniale" Frauen, S. 24.
56 Vgl.: Mamozai, Martha, Schwarze Frau, weiße Herrin. Frauenleben in den deutschen Kolonien, Reinbek bei Hamburg 1989, S. 159-168.

ihrer Haushaltsführung und in der Rolle als „perfekte" Ehefrau und Mutter. Viele Frauen schrieben Bücher gefüllt mit Geschichten[57], die zeigen sollten, dass afrikanische Frauen so gar nicht dem Ideal der bürgerlichen deutschen Mutter und Hausfrau entsprachen und trugen so einen gewaltigen Teil zur Entstehung von Vorurteilen bei. Dabei war eigentlich vorgesehen, dass sie ihren deutschen Ehemännern lehren sollten, die einheimischen Frauen zu achten.[58]

Um sich vom einheimischen Volk als „Rasse" noch mehr abzugrenzen, wurden diese als Sklaven gehalten und auch die Frauen hielten sich nicht zurück, diese teilweise aufs Übelste zu misshandeln und mit der Peitsche abzurichten.[59]

Dass eigentlich ihre Männer die koloniale Welt dominierten und sie ebenso von diesen unterdrückt wurden, überspielten die deutschen Frauen so gekonnt mit der Unterdrückung der weiblichen einheimischen Bevölkerung.[60]

---

57 Zum Beispiel Maria Karow in ihrem Kolonialroman „Wo sonst der Fuß des Kriegers trat", oder Margarethe von Eckenbrecher in „Was Afrika mir gab und nahm".
58 Vgl.: Kolonie und Heimat, Jg. III., Nr. 1, S. 8.
59 Vgl.: Mamozai, Einheimische und „koloniale" Frauen, S. 29.
60 Vgl.: Ebd., S. 30.

## 4.  Fazit: Durchsetzung der Ziele?

Losgelöst durch eine Debatte über „Mischehen" und „Mischlingskinder" hatte sich schließlich ein ganz neues Bild der deutschen Frau entwickelt. Auch wenn sie „nur" eine Hausfrau und Mutter war – sie wurde als der Inbegriff der deutschen Kultur verstanden und ihre Aufgabe sollte es nun sein, eben diese Kultur in den deutschen Kolonien Afrikas zu fördern und zu bewahren. Durch die Gründung des Deutschkolonialen Frauenbundes hatten nun auch Frauen koloniale Euphorie entwickelt und hatten es sich zur Aufgabe gesetzt, die „Mischlingskinder-Problematik" zu lösen und geeignete Frauen als Kulturträgerinnen zu finden und in die Kolonien zu schicken. Doch hatten sich ihre Ziele und Vorstellungen schlussendlich erfüllt?

Nachdem der Frauenbund die Aufgabe, die zuerst die Deutsche Kolonialgesellschaft in die Hände genommen hatte, von diesen übernahm, stieg die Anzahl der Emigrationen enorm. Auch der Plan, dass viele dieser Frauen in Deutsch-Südwestafrika heiraten sollten, erfüllte sich laut Statistiken. Sie konnten also viele Frauen für ihr Vorhaben begeistern, was aber aufgrund der umfangreichen Propaganda kein Wunder ist. Allerdings gab es immer noch genug „Mischlingskinder" und auch die Beziehungen zwischen weißen Frauen und einheimischen Männern wurden gern verschwiegen. Zu dem gesetzten Ziel, möglichst viele Frauen nach dem ersten Weltkrieg wieder für die „koloniale Sache" zu interessieren, kann man eindeutig sagen, dass es erfolgreich erfüllt wurde, denn in den Jahren nach dem Krieg war die Anzahl der ausreisenden Frauen sogar etwa doppelt so hoch, wie in den Jahren davor. Auch die vorgenommenen Aufgaben, Jugendstätten, Heimathäuser und Bibliotheken in den Kolonien zu eröffnen, wurden umgesetzt.

Die Frauen, die sich für eine Emigration entschieden hatten, wurden in „Kolonie und Heimat" gelobt und als Heldinnen präsentiert. Tatsächlich waren sie wohl doch nur ganz normale Ehefrauen, Hausfrauen und Mütter, wie sie es in Deutschland eventuell auch gewesen wären. Sie mussten sich genauso ihren Männern anpassen, wie sie es in Deutschland auch gemusst hätten und führten sicherlich nicht alle ein freies, abenteuerliches und exotisches Leben, wie es ihnen angepriesen wurde. Die Unterdrückung der einheimischen - vor allem weiblichen - Bevölkerung und deren Verachtung, Versklavung und Misshandlung ließ sie sich aber wohl als etwas Besseres fühlen. So läutete die steigende An - zahl weißer deutscher Frauen in Deutsch-Südwestafrika wohl eine erneute Ver - schlechterung der Lebensumstände der einheimischen Frauen ein.

# 5. Literaturverzeichnis

## 5.1 Quellen

Kolonie und Heimat, Jg. I., Nr. 1.

Kolonie und Heimat, Jg. III., Nr. 1.

Kolonie und Heimat, Jg. III., Nr. 3.

Kolonie und Heimat, Jg. III., Nr. 5.

Kolonie und Heimat, Jg. IV, Nr. 23.

Kolonie und Heimat, Jg. V., Nr. 36.

Kolonie und Heimat, Jg. VI, Nr. 18.

Schnee, Heinrich, Deutsches Koloniallexikon 2, Leipzig 1920.

Schnee, Heinrich, Deutsches Koloniallexikon 3, Leipzig 1920.

## 5.2 Wissenschaftliche Literatur

Henrichsen, Dag, „...unerwuenscht im Schutzgebiet...nicht schlechthin unsittlich". „Mischehen" und deren Nachkommen im Visier der Kolonialverwaltung in Deutsch-Südwestafrika, in: Marianne Bechhaus-Gerst/ Mechthild Leutner (Hrsg.): Frauen in den deutschen Kolonien, Berlin 2009, S. 80-90.

Lerp, Dörte, Zwischen „Bevölkerungspolitik und Frauenbildung. Die Kolonialfrauenschulen in Witzenhausen und Bad Weilbach, in: Marianne Bechhaus-Gerst/ Mechthild Leutner (Hrsg.): Frauen in den deutschen Kolonien, Berlin 2009, S. 32-39.

Mamozai, Martha, Einheimische und „koloniale" Frauen, in: Marianne Bechhaus-Gerst/ Mechthild Leutner (Hrsg.): Frauen in den deutschen Kolonien, Berlin 2009, S. 14-30.

Mamozai, Martha, Schwarze Frau, weiße Herrin. Frauenleben in den deutschen Kolonien, Reinbek bei Hamburg 1989.

Mamozai, Martha, Herrenmenschen. Frauen im deutschen Kolonialismus, Reinbek bei Hamburg 1982.

O'Donnell, Krista, Home, Nation, Empire: Domestic Germanness and Colonial Citizenship, in: Krista O'Donnell/ Renate Bridenthal/ Nancy Reagin (Hrsg.): The Heimat Abroad. The Boundaries of Germanness, Michigan 2005, S. 40-57.

Schilling, Britta, „Deutsche Frauen! Euch und Eure Kinder geht es an!". Deutsche Frauen als Aktivistinnen für die koloniale Idee, in: Marianne Bechhaus-Gerst/ Mechthild Leutner (Hrsg.): Frauen in den deutschen Kolonien, Berlin 2009, S. 70-78.

Smidt, Karen, „Germania führt die deutsche Frau nach Südwest". Auswanderung, Leben und soziale Konflikte deutscher Frauen in der ehemaligen Kolonie Deutsch-Südwestafrika 1884-1920. Eine sozial- und frauengeschichtliche Studie, Magdeburg 1995.

Walgenbach, Katharina, „Die weiße Frau als Trägerin deutscher Kultur". Koloniale Diskurse über Geschlecht, „Rasse" und Klasse im Kaiserreich, Frankfurt 2005.

Wildenthal, Lora, German Women for Empire. 1884-1945, Durham und London 2001.